깨달음은
막차를 타고
온다

깨달음은 막차를 타고 온다 ⓒ 권혜진 2002

초판1쇄 발행일 2002년 1월 7일

지은이   권혜진
펴낸이   이정원

펴낸곳   도서출판 들녘
등록일자   1987년 12월 12일
등록번호   10-156
주소   서울시 마포구 합정동 366-2 삼주빌딩 3층
전화   마케팅 02-323-7849, 편집 02-323-7366
팩시밀리   02-338-9640
홈페이지   www.ddd21.co.kr

값은 뒤표지에 있습니다. 잘못된 책은 구입하신 곳에서 바꿔드립니다.
ISBN 89-7527-288-5 (03810)

그림같은 세상® 은 시와 산문을 출간하는, 도서출판 들녘의 디비전입니다.

권혜진 시집

깨달음은 막차를 타고 온다

그림같은 세상

여는 글

첫 시집을 낸 후 상당한 시간이 흘렀다.
그동안 시를 잊고 살기도 하고 멀리 도망치기도 했는데……
또 붙잡혀 와서 두 번째 시집을 엮는다.
이번엔 몹시 불안하고 두렵다.
세상에 무언가를 내놓는 일이 그리 만만하지도 않거니와
세상이 그리 녹록하지도 않다는 걸 알아버렸기 때문일까.
그래도 한껏 용기 내어 독자를 향해 문 두드린다.
내 야윈 목소리가 삶에 지친 누군가에게 작은 위로가 된다면
더 이상 바랄 게 없다.

여행을 꿈꾸며
권 혜 진

|여는 글|

1

당신을 기억합니다 · 13

사랑의 심연 · 18

다시 가을에 · 20

모과 · 22

나무와 소낙비 · 23

운주사 와불 · 27

은행나무와 어머니 · 28

내 마지막 사랑은 · 30

천사와 악마의 시 · 32

봄, 피안 · 33

의사 · 35

부석사 사과나무 · 37

비와 술과 외로움 · 39

깨달음은
막차를 타고
온다

2

자존심 · 43
사람에게는 가시가 있다 · 44
전태일 · 46
잠언 2 · 49
굴레나무 · 50
깨달음은 막차를 타고 온다 1 · 51
순수에 대하여 · 54
낙과 · 56
가을날 · 57
강가의 노을 · 58
보리밭 연작 · 59
수세미 1 · 62
수세미 2 · 64
약육강식 · 66
슬픔의 놀이 · 68
결혼식 1 · 70

3

어느 날 · 73

비밀의 화원 · 75

깨달음은 막차를 타고 온다 2 · 76

결혼식 2 · 78

오팔 반지 · 79

밤과 꿈 · 82

초록, 비 · 84

꿈속의 꿈 · 85

운주사에서 · 87

중년 · 89

재 · 92

추억제 2 · 93

윤심덕 · 94

덕혜 옹주 · 96

은마는 오지 않는다 · 98

페르샤 눈물단지 · 100

글루미 선데이 · 102

노을을 위한 데생 연습 2 · 107

귀로에서 · 108

바다의 말 · 110

사로잡힌 영혼 · 112

고독을 팝니다 · 115

비련 · 116

고 · 집 · 멸 · 도 · 117

아집 · 120

하심 · 121

슬픔이 집을 떠날 때 · 122

아름다운 전쟁 · 124

티눈 · 126

The End · 128

바위 같은 사랑 · 130

기도 · 132

벽 속의 사랑 · 133

4

| 산책하는 시인 | 전기철 · 135

1

삶이란 한갓 장애물 경기일 뿐
건너고 나면 아무 것도 아니라고
이따금 나를 위로도 하고
둥글게 몸을 말아
싸늘한 바람을 견디곤 한다

당신을 기억합니다

창 넓은 찻집에서 차 마시고
손 꼭 잡고 어깨 기댄 채 영화 보고
함께 기차 여행을 떠나는
그런 만남을 사랑이라 착각한 적 있었다
젊은 날

햇살 같은 포근한 눈빛에 안겨
마냥 행복했던 순간도 있었지만
그저 보는 것만으로 만족하자고
마음만으로 안 되겠냐고
따스한 눈빛 외엔 아무 것도 내게 줄 수 없는
사내와 날마다 싸우며
마음과 몸은 분리될 수 없다는 걸 알게 되었지
마음의 사랑보다 어쩌면
몸의 사랑이 더 정직하고 순수하다고
몸이 가까워지지 못해
마음이 한없이 아팠던……

그 아픔을 못 견뎌 결국은 돌아서야 했던
잔인한 사랑

만남과 헤어짐을 반복하는
부질없는 고통 속에서
기억이 있는 한 사랑은 끝난 게 아니란 걸
또 알게 되었지
그를 만날 때마다 심하게 몸살을 앓았던,
사나흘 울고 나서야 겨우 마음을 추슬렀던
아직도 옛 이야기 꺼낼 때마다
숨어 있던 눈물이 방울방울 떨어지는……
내 안에 간직했던 순수와 정열을
모조리 쏟아부은 후에야
집착의 감옥에서 빠져나올 수 있었던
지독한 사랑

헤어진 후엔

걸어다니는 사람이 모두 해골로 보이고
이 세상이 거대한 잿빛 무덤으로 변하는
환각에 빠질 만큼
충격적이었던 사랑……

이루지 못한 꿈을 버리기 위해
노트 한 권을 다 태운
애절한 후애後愛

아쉬움이 많아 그리움도 컸는지
새까맣게 가슴을 태우고도
끝내 미워할 수 없는,
다만 그리워할 뿐 만나고 싶진 않은
저주이며 동시에 축복인 사랑

가슴 깊이 새겨진 문신은
빛바래지도 사라지지도 않는다고

저승까지 함께 갈 동반자라고
믿게 하는,
태어나 단 한 번만 허락된
영원한 사랑

사랑의 심연

그대를 생각합니다
내게 늘 주기만 했던……
난 그대에게 받은 기억밖에 없어요
그러고도 그댈 사랑하지 않았습니다
그대가 얼마나 내 생각 하는지
알려고도 않았지요
멀리 떠나와, 오랜 시간 흐른 후에야
그대 사랑의 깊이를 가늠합니다
떠나온 후에야 그 사랑은 점점 커져서
나를 가득 채웠지요
가장 슬플 때, 외로울 때
그대 생각으로 목이 메었습니다
그러나 아무 말도 할 수가 없었어요
부끄러웠기 때문일까요
가이없이 받기만 한 사랑,
이제야 뉘우치며
너무 늦었지만 그대에게

고맙다는 한마디 하고 싶어요
이 말을 떠올리는 데 십오 년이 걸리다니요!

다시 가을에

거리에 구르는 가랑잎 보며
까마득히 잊었던 가을을 느낀다
망각의 강을 건너간 기억도
시월의 마지막 밤과 함께
되살아오고
다만 잊고자 할 뿐,
지상에선 아무 것도 사라지지 않는데……

낙엽을 밟아도 가슴 저미지 않는 건
상처가 아물어서일까
상처가 남긴 껍질 속엔
속 깊은 눈이 숨어 있어
그 눈으로 세상을 내다보면
어리석고, 자기애뿐인 인간이 보인다
그런 군상群像을 날마다
용납하면서
삶이란 한갓 장애물 경기일 뿐

건너고 나면 아무 것도 아니라고
이따금 나를 위로도 하고
둥글게 몸을 말아
싸늘한 바람을 견디곤 한다

이 가을엔 나도 익어서
호두처럼 단단해졌으면

모과

이른 아침 산책길 과수원 지나다 땅에 떨어진 모과를 보았다
곱사등에 주근깨, 멍자욱까지…… 노틀담의 꼽추 같았다
시장에 내다팔 물건을 고르다 차마 주인도 버리고 갔나 보다

흙에 묻혀 썩으며 깊은 향기 우려낼 노오란 때깔이 안쓰러워
주우려는데, 왠지 망설임이 일었다

못난 모과 향이 더 짙다는 속설도 믿거니와, 잘게 썰어 차를
담그면 흉측한 몰골은 사라지고 단맛만 오래 입 안을 적실 텐데……

잠시 주저하다 냉정히 돌아섰다. 태어나 한 번도 선택받지 못한
못난이의 설움 따윈 버려두고서. 발걸음 무거웠지만
어여쁜 것만 사랑하도록 길들여진 탓에 뙤약볕 견디며 모은
향기를 배반하는 일이 어렵지 않았다

밤새도록 측은함에 가슴 앓다가 다음날 다시 가보니
모과는 누군가의 구둣발에 밟혀 모질게 짓뭉개져 있었다

나무와 소낙비

당신 닮은 사람을 만난 적 있습니다
햇살 환한 웃음이 너무 좋아
보고 또 보고 싶었지요
그러던 어느 날, 그 웃음을 만나려고 돌아본 순간
가슴 가득 밀려오는 통증을 느꼈습니다

당신과 걸음걸이가 흡사한 사람을 본 적도 있습니다
단지 걷는 습관이 닮았다는 이유만으로
그에게 친밀감을 느꼈지요
하지만 그는 내 친구에게 호감을 보였고
그때 또 심한 통증이 왔습니다

언제나 고통으로만 기억되던 당신
닮은 사람 보는 것도 힘들었는데
한때는 가는 곳마다 비슷한 사람 천지였어요
눈빛이 포근한 사람, 목소리가 다정한 사람
손 흔드는 자세가 리드미컬한 사람……

이젠 통증도 가라앉았습니다
상처가 아문 탓이겠지요
어느 날 TV에 당신처럼 조근조근 말하는 사람이 나왔는데
당신을 만난 것처럼 황홀했어요
노래방에서 당신이 즐겨 부르던 옛 노랠 들을 때도
눈물 대신 회상에 젖어 가슴 뭉클해집니다
그럴 때 추억의 소중함을 되새기곤 하지요

어린 시절 잔디밭에서 네 잎 클로버를 찾아냈을 때
몸 안 가득 울려퍼지던 종소리 같은……
갈증나는 여름날 톡 쏘는 콜라를 마실 때
내장을 건드리는 짜릿함 같은

나른하고 지겨운 일상에서
어쩌다 찾아오는 청량감이
삶의 의욕을 되찾아주니까요

이제 추억은 소낙비 같아요
난 목마른 나무

운주사 와불

사랑을 앓은 사람은 알지
그것이 도道의 다른 이름이란 걸
남과 여,
나란히 누운 형상은
지극한 법열法悅을 담고 있다
어느 간절한 손길이
잃어버린 애욕을 돌부처에 새긴 걸까
영원에 이르도록
깊고 절절한 상흔……!

차가운 돌갗에
온기마저 흐르게 한
부부 와불臥佛은
세상 무엇도 대신할 수 없는
사랑의 절정!
그윽한 미소로 보여준다

은행나무와 어머니

노오랗게 물들면 나풀나풀 떨어지는
은행잎 하나하나 눈여겨보면
그렇게 앙증맞을 수가 없다

그 많은 잎새들을 돌보느라
밤잠을 설쳤을 텐데
정작 자신은 물 한 모금 배불리 못 채웠을
은행나무와

피땀으로 키운 자식을 훨훨 날려보내고
텅 빈 가슴 쓸어안고 칼바람 견디는
이 땅의 어머니들.
모든 것 다 주고도 빈 손뿐인
세상에 어떤 사랑이 이보다 비정할까

자기애뿐인 인간에게
성숙을 가르치려고

신이 내려준 형벌
어머니!

은행잎보다 샛노란 슬픔이
오늘 눈부시게 휘날린다

내 마지막 사랑은

첫사랑 내게
집착의 사무친 뜻 겪게 하고
하늘 아래 어리석은 단어
미련의 무거움 알게 하더니

상처의 아린 향기
모가지를 비트는 아픔에 몸서리치다

남은 건
후미진 곳간 홀로 빛나는
추억이란 이름의 구슬 한 알

그것 때문에 난 겸손을 배웠고
포기할 줄 아는 자세도 익혔는데……

신의 섭리로
또 한 번의 시작이 허락된다면

내 마지막 사랑은
달도 별도 모르게 하고 싶다
오직 살아 있음에 감사할 뿐
신새벽, 살며시 다가가 거름이 되는
식물 같은 사랑

침묵으로 버티다
지친 밤 외로이 부서져 내리는
물거품 같은 사랑

자취 없어 애절한
그림자 사랑

천사와 악마의 시

너무 착해서 죄 지을 수 없는
남자의 선한 눈망울과

너무 사랑해서 죄 지어야 하는
여자의 슬픈 눈을 생각한다

봄, 피안彼岸

한때는 나의 봄이 오래도록 무덤에 남아
꽃망울 달고 서 있으리니 탄식했었다 우물보다
깊은 심연에 누워 깨지 않는 잠을 청하던 시절

겨울은 나바론 요새였다

어느 날 부드러운 바람 다가와 살얼음 낀 심장 녹이고
언 몸을 핥아주었다. 아픈 기억들 몰아가는 대신
햇솜 희망 얹어주었다

버들강아지 움트듯, 희망은 보송보송 피어나
봉오리로 맺히더니 마침내 화들짝 꽃을 피웠다

거역할 수 없는 운명은 시간뿐이라고
가까스로 받아들일 때

봄은 지나가고 있었다 풀밭을 스치는 방울뱀처럼

의사

옷자락 스친 일 없어도 늘 곁에 있고
몸집이 너무 커서 아무도 본 적 없다는
그는
미다스의 손 대신 황금 햇살로
왼갖 숨붙이의 소망을 다스린다
오늘 아침도
가랑잎 시체 즐비한 산길에
이슬 함빡 내려
여린 잎, 배고픔 잊게 하고
아직 덜 여문 배추엔
알이 꽉 차도록
다소곳한 기다림 주사놓는다
심장 깊숙이 비수를 숨긴
사람에 베어 쓰러진 내게는
시간의 영양제 몰래 먹여
향긋한 햇살에 말린 증오를
가뿐히, 털고 일어서게 한

그의 눈망울을 본 적이 있다
그 마음도 엿본 듯하다
새털구름처럼 보드라워
누구도 다친 일 없는

부석사 사과나무

부석사 가는 길목 과수원 지날 때
여윈 가지에 매달려 떠는 사과를 보았다
발그레한 소녀의 뺨 대신 시든 할매 같은 살결이

안쓰럽다 여기면서도 열심히 셔터 눌렀다
김치, 하고 웃으며

김치 국물 마구 버린 죄값, 대신 치르는 사과나무에게
미안하다고 말하는 이는 아무도 없었다
나 역시 무심히 지나쳤을 뿐

기우제도 안 지냈는데 그제 밤 비가 내려
온 땅이 축복으로 젖었다
엘니뇨…… 엘니뇨……
한국은 비껴간다고 라디오에선 종알대지만

신의 침묵을 두려워하는 의인義人은 없고

사과나무만 대속代贖의 피 흘리고 있다

비와 술과 외로움

목욕 후에 갈증이 나
맥주를 마신다 고추장에 쥐포 맛이
애인보다 낫다 여기며
비 오는 날은 친구가 그리워,
정작 보고픈 친구는 없어
말없는 술로 시름 달랜다
자꾸만 살이 찌는 이유를 알겠다
나이테와 함께 자라는 허전함 감추려
닥치는 대로 입 안에 쑤셔넣기 때문
해마다 술이 느는 것도
판단 기능이 마비된 후에야
사는 일의 쓸쓸함 잊을 수 있음에……
변덕스런 사람보다 혼 없는 물物에 기대야 하는
서글픈 세상살이
빗속에 사랑을 내다버리고
어둔 실내에 앉아
맥주 잔 가득 거품을 따른다

물거품 같은 삶, 거품마저 마셔버리려……
캄캄한 밤에도 문 앞에 등불 걸지 않고
그 무엇을 찾아 헤매지 않는
차, 갑, 게 식은 눈빛으로
술잔에 고독을 붓고
천천히 마시노라면
무심無心으로 지켜보는 빈 그림자

내 안에 출렁이는
비와…… 술과…… 외로움의 바다여!

2

숨결 옥죄던 더운 사랑도
조용히 밀려나 사라지고
마음엔 아무 것도 남아 있지 않아
빛을 닮은 평화가
온몸 감싸안을 때
나는 어느덧 투명인간이 된다

자존심

죽어도
굽히기 싫은
의지

스스로 세운
몰아沒我의
성성城

숨이 턱에 닿도록
달려가는
투혼

가장 소중한 것인 양
부둥켜안고 뒹구는
목숨
같은 것

사람에게는 가시가 있다

다가가면 갈수록 깊이 박혀 곪게 하는
저마다의 가시

사랑은
그 피흘림

모두에겐 경계 구역이 있어
경계선 넘을 때 실망이란 벌을 받는다

저만큼의 거리에서 눈인사 나누며
호감은 유지되는 법

더 이상 다가서지 말라
불같이 궁금증이 일어도
친숙해지면
가래나 똥덩어리, 썩은 내장과
날선 자존自尊의 탑밖에

볼 것이 없다

전태일

1.
목숨 하나가 전신을 태워
꿈의 씨앗 될 수 있다면

분노의 힘이 더 큰 분노 일으켜
해일 되어 끓을 수 있다면

한 생명이 다른 생명에 깃들어
닮은꼴 정신을 길러낼 수 있다면

마침내 그는 신화가 되고
불꽃나무 되리라

2.
아름다운 청년 전태일!
그가 미래를 버린 곳에서
참된 미래는 시작되고

약육강식의 세계가
잠시 멈추었다

역사의 수레바퀴는
순교자의 수혈로 굴러가고

오늘의 평화는
어제의 투쟁, 피묻은 열매라고
알게 된 아침

야윈 햇살 틈으로 드러나는
앙상한 손목을 쥐며

건네주고 싶다
고마움과 위로의 눈짓

잠언 2

지상의 성공은
야합野合에 가깝고

실패는
순수를 지키려는 외로운 몸부림

진정한 승리란
내가 나에게 주는 월계관

또는
위로의 술 한 잔

굴레나무

잔뿌리 하나 옮겨갈 수 없다

가고픈 땅
저만치 있어도

쓰라린 인연에
동여매인 채

빈가지 하나 날아가지 못하고

자유를 찾는 마음만
하염없이
떨어뜨린다

깨달음은 막차를 타고 온다 1

긴 목은 언제나 새마을호를 기다린다
어쩌면 더 빠르고 멋진
떼제베를 기다리는지도……
무궁화, 통일호가 지나가지만
거들떠도 안 보고

늘 곁에 멈추는 차가 있어도
군데군데 칠 벗겨진 몰골 때문에
코웃음치며 떠나보낸다

그런데 떼제베는 오지 않고
작은 역엔 서지도 않으며
요금마저 비싸다

간이역을 폐쇄한다는 소문이 돌고
기차들이 무심히 지나칠 무렵
긴 목은 차츰 불안에 휩싸인다

―아무 기차나 잡아타야지

마침내 긴 목이 선로에 쓰러져 있을 때
멀리 보이는 불빛
늘 곁에 머물던 낡은 기차!

안에는 모락모락 음식이 있고
라일락 향기, 언 몸을 녹일 온기와
상큼한 음악도 흘러나온다

지치도록 기다린 꿈의 열차
칠 벗겨진 의자에 등 기대어
태어나 처음으로 안정감을 맛보며
긴 목은 생각한다

모든 헛된 기다림을 이제는
차창 밖으로 던져도 좋다고

순수에 대하여

먼 옛날 내겐 흰옷이 있었지
그냥 두어도 세월의 때가 앉아
누렇게 변색되는

새로 산 흰 치마에 먹물 묻으니
하찮은 얼룩인데 너무 도드라져
검은색으로 물들이든지
벽장 안에 고이 모셔두는 수밖에

살아가면서
흰옷은 입기 불편하다는 걸 알았다
어디서나 흠집 생기고
깊은 흔적 남기니
그로 인해 옷마저 버리게 될까봐

나이 들면서
편안한 중간색만 찾게 되는 건

적당히 때묻어도 남의 눈에 띄지 않고
내게조차 숨어서 드러나지 않으니

온갖 구실로 공기 구멍에 눈 감기고
세속에 뒹굴며 질겨지기 위하여

낙과

땅에 떨어져 멍든 사과들이
상자에 실려
팔려가는 것을 보았다

시장판에서도 제 값을 못 받고
해질 무렵 떨이장수가
무더기로 사갔다

허물 많은 내 삶을 돌이켜보곤
얼른 그곳을
빠져나왔다

돌아와 거울을 보니
퍼렇게 멍든 사과 한 알
맑은 유리 속에 떠올라 있었다
지울 수 없는
얼룩도 함께

가을날

연구소 뒤뜰 잔디에 앉아 있으면
나도 풀 되어 눕고 싶어진다
끝내 아물지 않는 상처도
이 순간 말끔히 지워져
평온함이 속곳까지 스며든다
위대한 것은 자연뿐
숨결 옥죄던 더운 사랑도
조용히 밀려나 사라지고
마음엔 아무 것도 남아 있지 않아
빛을 닮은 평화가
온몸 감싸안을 때
나는 어느덧 투명인간이 된다

강가의 노을

저무는 강가에서 당신을 보냅니다
안타까운 눈물도, 그리움도
모두 실어서……
어떤 미소로도 어떤 무기로도
당신의 견고한 성城 깨뜨릴 수 없어
힘없이 나는 돌아섭니다

다시는 오지 않으리라
스산한 강가의 애틋한
돌멩이 하나도 쳐다보지 않으리라
남은 꿈,
빛나지 않으리라

보리밭 연작
— 이숙자 화첩

보이는 대로 그리려 했던
초록 이랑 지나
여인의 속살 내음
하얀 잎맥

누렇게 익는 들판도
달빛 아래선
흔들리는 담청淡靑이었다가

은유의 바람 앞에 오면
솟구쳐 오르는 자유의 몸짓으로
연보랏빛 환상을 빚는
이브의 초상이

감초인 젖봉오리
여물어 터지는
다시

싱그런
보리밭

수세미 1

한때 내게도
청춘이 있었지
어떤 물에도 젖지 않고
꼿꼿한 모가지에
손등 베던

허나 누구라도
속(俗)된 물에 오래 잠기거나
거친 손짓에 휘둘리다 보면
도리 없이 부들부들해진다
날아서 개수대 곁을 떠날 수도,
주인의 손아귀 벗어날 수도
없음을 용납하면서

몸이 먼저 허물어진 뒤
넋마저 흐려오면
뻐꾸기 둥지 위로 날아간 새, 는

어디쯤 가고 있을까
궁금해하지도 않으며

주저앉아 마음 편한
이 무사無事한 날들

수세미 2

사모님
절 너무 탓하지 마세요
적어도 납득할 만한 시간이 필요해요
늘 비린 물에 잠기다 보면
빳빳한 목도 차츰 꺾이고
등도 온전히 휘어들겠죠
아직은 푸들푸들한 육신이지만

잃어버린 헌 것이 아쉬우셔도
어쩌겠어요, 누구나 처음부터
더러움과 친해지긴 어렵고
부드러워지는 건
더 힘들거든요

아직 새댁인 당신도
종일 부엌에 서 있다 보면
서럽긴 마찬가진데

낡고 닳고 헐거워져
걸레가 되어야 완성되는
우리는 닮은꼴

다 해진 절
쓰레기통에 버리실 때
너무 안쓰러워 마세요
어차피 우린 소각장에서
또 마주칠 테니

약육강식

1.
어느 주정뱅이가 뿌린 이슬
풀잎에 맺혀
그걸 먹고 자란 풀
토끼가 먹고
그 토끼를 사람이 잡아먹고
그가 호랑이에게 먹히면
호랑이는 신神이 되어
다시 풀 위에 오줌을 갈긴다

2.
눈 먼 거지가 홧김에 술을 먹고
발로 찬 깡통
강아지 대가리에 맞으면
약오른 강아지는 아기를 물고
아기는 엄마를, 엄마는 아빠를
아빠는 사장을, 사장은 경비원을 물고

경비원이 돌을 차니
돌은 예수에게 날아간다

3.
화가 난 예수, 간음한 여인에게
ㅡ네 죄를 내가 대신 치렀으니 변상하라
간음한 여인은 석가를 찾아가
ㅡ당신이 인과율을 만들었으니 책임지시오
석가는 얼른 공자에게 달려가
ㅡ이럴 땐 어찌해야 하오리까?
공자는 뜻 있는 미소를 지으며
ㅡ가엾은 여인에게 인仁을 베푸시오
이때 곁에 있던 자로가
여인을 가로채어 달아나버린다

＊ 자로 : 공자의 제자

슬픔의 놀이

소망을 땅에 묻고 돌아서는 날까지
죽은 땅에서 새 움 돋을 때까지
이어지는

찬연한 기억의 잔치
또는 헤어날 길 없는 사념思念의 덫

그 덫에 치여 파닥이는
가여운 새 한 마리

가눌 수 없는 슬픔에
둑을 높이 쌓고서
봇물 터질 때마다
손수건 한 장으로 막아보지만

주체할 길 없는 시간
슬픔의 놀이에 바쳐지는

제물祭物, 나

결혼식 1

　나로 말하면 요즘 예식장에서 주례보다 윗자리에 서는 비디오 촬영기사다 나는 저 지나간 영광의 세기에 살았던 전제 군주처럼 신부에게 명령한다 한겨울에도 홀랑 벗고 웨딩 드레스만 걸친 채 물가에 서 있으라고 물론 두 남녀를 포르노 배우처럼 움직이게 할 수도 있다 그들은 어디까지나 예약된 노예니까
　뭐니뭐니해도 결혼식에서 중요한 것은 사진이다 반지도 약속의 징표이긴 하지만 까짓 바꿔 끼면 그만 아닌가 요령 좋은 남녀는 두 번째 예식에서 더 큰 다이아몬드를 받을 수도 있다 그러니 영원한 건 사진밖에 없다고 단언해도 되지 않겠는가 그러나, 메뚜기도 한철이라고 세월이 흐르면 사진도 소용없다고 영악한 인간들은 외쳐댈 것이다 하기야 물살처럼 재빨리 구르는 세상에 무엇 하나 온전할 리 있겠는가만, 순정 하난 지니지 못하고 거품 가득한 인간들만 득시글거릴 때 부지런히 한 몫 잡는 수밖에

3

기억의 모래톱에 묻어두었던
옛 사랑 꺼내어
오늘 난
가버린 시간에도 이름을 지어주고
못다한 순간들을 액자에 끼워본다

어느 날

고통과 환희는 함께 온다고
나는 알게 되었다
영광과 욕됨이
동시에 문 두드리듯

팥알만한 행복이 집채만한 슬픔을
몰고 올 때도 있다고……
잠시의 빛살, 그 여운을
무덤까지 간직하라고

비밀의 화원

난 그예
누구도 밟지 못한 꽃동산을 찾았답니다
들찔레숲 지나 외나무다리 건너야
닿을 수 있는 곳
독초毒草의 향에 취해 시름을 잊어도
죄가 되지 않는,
비원悲願의 열매 알알이 터져
바람도 꽃물드는 곳
순금 열쇠를 지닌 당신만이 오셔서
속살 멍든 이내 그리움
살포시 잎그늘로 가려주세요

깨달음은 막차를 타고 온다 2

낯선 도시, 서먹한 길 찾아드는 순간
울컥 서러움이 밀려와

이향異鄕의 하룻밤 꿈꾸기도 전
어딘가에 버려진 느낌으로
해 저문 바닷가를 헤맨다

갯비린내, 사투리, 뜨악한 얼굴들……
천지를 둘러봐도 살가운 게 없어

꾀죄죄한 여관방에 들어
TV 채널만 일없이 돌리다가

절대 고독 · 낭만 · 자유 대신
사각의 벽에 갇힌 포로인 양
씁쓰레한 우울로 방 안을 채우고

침대에 누워 천장을 보니
떠오르는 건 집 생각뿐
버리고 온 일상이 간절히 그립다
아이들 웃음소리, 젓가락 부딪는 소리
창턱에 고인 먼지마저도……

그리운 것은 먼 곳에 있지 않고
바로 곁에 있다고
떠나온 후에야 알게 되는
어리석은 되새김질

결혼식 2

마음을 끈으로 묶으면 묶어지나요 아니면 금박 틀에 가두어서라도
시시때때로 변하는 사랑이란 괴물을 붙잡아두려고 고안해낸 방식,
아는 사람을 모조리 불러모아 엄숙히 선언하는 것
―죽음이 둘 사이를 갈라놓을 때까지 정답게 살겠습니다
그러나 그 약속이 꼭! 지켜져야 한다고 믿는 사람은 아무도 없다
증인들은 뿔뿔이 흩어지고…… 탐스럽게 피어난 사랑은 머잖아
권태의 냄새를 풀, 풀, 풍기며 두 사람을 괴롭히니
순간에 속아 영원을 저당 잡혀도 자유로운 혼들은
시간의 그물에 갇히지 않아

지키지도 못할 약속을 만인 앞에서 하는 건, 코미디다

오팔 반지

마음 허전한 날은
요란한 치장을 한다
매니큐어도 바르고
귀걸이, 목걸이, 반지까지……

그 옛날
아마존 해저에서 생성되었다는
오팔 반지를 보노라면
잃어버린 순수,
그 빛깔 우러나 가슴 에이고

단 한 번 얻고팠던
영혼의 약속 대신
부질없는 물색物色
바닷속 신비에 기대게 된다

사람이 떠난 자리에

보석을 들여앉히고

그리움일랑
고스란히 간직하는 것
마음 깊은 곳에서
오팔이 될 때까지

혼자만의 추억으로
익어가는 것

밤과 꿈

땅거미가 기어든다 스적스적
남은 빛살 갉아먹는다
어두움에 기대어 조금씩 편안해지면
팔을 뻗는다, 네가
닿지 않는다

그리움이 익어 만삭이 되는
밤이면 너의 창 밑에
핏덩어릴 낳고 돌아와도
그 꿈이 날아 밤하늘을 수놓는
별이 되는 것을 네가 알까

먼동이 트면
빛의 사슬에 얽매어
우리는 다시 남남이 되지만
일그러진 두 개의 혼이 달궁 아래
숨바꼭질하는 까닭을

뉘라서 짐작할까

초록, 비

새순 비에 젖다
줄기차게 내려도 겁먹지 않고
눈망울 반짝인다
젖을수록 타오르는 영혼의 입자들!

허리 굽은 나무에 말라가던 꽃잎삭
온기 머금어
푸릇 파릇해지고

오월에 내리는 순한 비……
그 마음 본뜨고파
달리는 빗속으로 스며들지만

새앙쥐 되어 돌아와
콜록거리다

꿈속의 꿈

오십이 되면 나는 떠나리 쓸쓸한 섬으로
거기 내 청춘, 남은 정열을 묻고
풀이나 나무, 이슬 바람에 안겨
향긋하게 살리라
빈 집의 황량함
애증의 그림자 모두 지우고
내 좋은 벗들 불러모아
다정한 밀어 속삭이며
잘 익은 술로 남은 한恨도 녹이고
아프리카 인디아 엘살바도르
가고 싶을 때 어디든 떠나는
자유인이 되리라

운주사에서

백팔번뇌 늘어선
절에 와서
흩어진 소망을 줍는다

오롯한 돌단엔
한 무더기 비원悲願 서려 있고

여승의 독경 따라 절 올리는
아낙의 손끝에 담긴 정情

대웅전 뒤뜰 풍경이
드맑게 흔들릴 때
예, 저기 매달린 연등에선
저마다 속불 안고 사는
안타까움 묻어난다

진홍빛 철쭉마저

사람의 마음 닮은 곳
애틋한 염원 모여
천불천탑千佛千塔 이루니

견디다 못한 돌부처
차라리 눈 감고 있다

중년

그리 높지도, 가파르지도 않은 구릉을 올라간다
쉬엄쉬엄
정상은 아예 바라지 않고
싱그런 바람에 기대거나
초록, 단풍에 잠시 젖어들 뿐

고사목 가지에 매달린
새순 보며 설렘은
내게 사라진 청춘 그가 간직한 탓이리라

오래 끓이던 애증도 잦아든다
가슴 한 켠 질경이로 자라는 꿈
모질게 뿌리째 뽑아버리고
흰 머리칼 올올이 세며

이제 고요히 삭는 일만 남았거니
저물어가는 모든 것

가여워하며

재災

차마 떨칠 수 없는
욕망을 태운다
구차한 알몸 불길에 맡겨
꼿꼿이 선 채
산화하는 몸뚱어리!
부서지면서
이토록 가벼이 떠나는 까닭을
말해야 할까

강물에 흩어지는 그림자
묻어다오 그대여
남몰래 걸었던 바닷가
쇠잔한 발자국마저

추억제 2

시든 포도 잎새마다 매달려 떠는
눈동자를 만났다
무덤 가 스며 나오는
그윽한 노래도 다시 들었다
불빛, 살아 춤추는 불빛
하냥 흔들리며
너는 어디서나 되살아나고
기억의 모래톱에 묻어두었던
옛 사랑 꺼내어
오늘 난
가버린 시간에도 이름을 지어주고
못다한 순간들을 액자에 끼워본다

윤심덕

우리는 손을 잡고 바닷속으로 들어간다
물살은 부드러워 깊은 상처 녹이고
서러움도 어루만져주리니
그대와 나의 운명은
세상의 암초에 부서지는 것

뙤약볕 아래 시드는 봉선화 같은 조국과
바위틈에 깔려 피지 못한 연분이
한순간 꽃피운 물거품!
청춘의 핏물마저 파랗게 씻겨줄 바다
파도의 젊음에 씻겨가리라

넘실대는 죽음의 물결 위로
꽃봉오리 찬연히 부서진다
한 톨의 미련 두지 않고
남은 시간마저 거두어간다
나는

뜨거운 심장으로 살기에
세상은 너무 차가워
꿈과, 진실을 묻어야만 하는 곳

얼음의 도가니 지나 불의 고장 닿으면
목마른 견딤보다 고귀한 꺾임이
영생永生에 가깝다고
먼저 간 이들은 말해줄 테지

＊윤심덕 : 일제 치하에서 성악가로 활약하다가 애인 김우진과 함께 현해탄에 투신자살했다.

덕혜 옹주

어린 시절
왕녀로 자란 그녀는
고개 숙이는 법을 배우지 못했다

조국이
남의 나라 속국屬國이 되어도
종從이 되는 법마저

마지막 왕조의 자존심을 위해
온밤을 밝혀 싸우다
조발성 치매에 걸린 후에야
옹주는 차라리 행복했단다

덕수궁 뜰 안을 웃음으로 물들이던
부드러운 봄날,
그 기억의 꽃밭에만 묻혀
살았으니

역사는 그녀를 잊고
부끄러운 과거도 잊고
앞으로, 앞으로만 달려가는데

옹주의 마음은 덕수궁에 남아
잃어버린 미소를 찾으러
풀숲을 헤치고 다닌단다

은마는 오지 않는다

우물가에 물 긷는 음전한 아낙들아
너희 년 몸 지키려고 총알받이 된 언례를
기억하느냐

마을이 위기에 처하면
은빛 갈기 휘날리며 나타난다는
장군은 오지 않는 걸
전설이니까

가랑이 벌려 쌀독 채우고
항아리에 모은 돈으로 장사하면
내 치열한 전투는
피의 대가를 치른 셈이지

육탄으로 받아낸 탄피가
추억의 창고에 쌓여도
입에 풀칠하는 게 장땡이지

살아남은 사람만
이름을 새긴다면
내가 바로
산 역사라네

페르샤 눈물단지

이란 남쪽 이스파한
골동품 가게에선
눈물단지를 판다

열세 살 전에 출가하여
시집살이하면서 흘린 눈물을
세 병은 채워야 슬픔이 다한다는,
무덤까지 함께 묻히는
삶의 동반자

차도르로 얼굴 가리고
할례로 성욕도 죽이고
한 남자를 위해 늙어 죽는
네 명의 아내

남자만 사람이고
여자는 부속품인,

빵 굽고 땔감 만들고
아들 낳기 위해 숨쉬는

페르샤 여인의 눈물단지가
골동품 가게에만 남아 있기를……

글루미 선데이 Gloomy Sunday

죽음보다 달콤한 유혹이 있을까요
안드라스!
어둠 속 그대 혼이 부르는 소리

죽음보다 아름다운 잠이 있을까요
어머니 자궁에 누운 듯한
한없는 편안함

무덤보다 깊은 평화가 있을까요
안드라스!
숱한 젊음을 사지死地로 몰아간
슬픔의 선율에서 안식을 느껴요

밤마다 날 부르는 그대의 흰 손!
그러나 당신 곁에 가지 않을 거예요
땅 위에서 그대 음성
생의 축복으로 들으렵니다

---

* '글루미 선데이'는 레조 세레스에 의해 작곡되어 수많은 젊은이를 자살로 몰아간, 저주받은 곡으로 알려져 있다. 안드라스는 영화 속 주인공의 이름.

4

이토록 가슴 아픈 게 네 이름이라면
다시는 부르지 않으마
한 맺힌 동백 꽃숭어리 땅에 부서져 여위어가고
시들고 마르는 것, 아프고 연약한 것 모두가
이 생生을 견디며 지나가네

노을을 위한 데생 연습 2

난 이제 얼굴이 없어
머리카락마저 문드러져버렸어
기나긴 옷고름 남은 입술로 핥으며
이만 이승을 하직해야겠어
그리곤 땅 속 깊이 묻혀야 해
기억의 뿌리마저 시들어
재생의 꿈을 덮도록

귀로에서

애련愛憐,
가비얍게 부서져 내리거라 꽃가루 되어
온통 거짓뿐인 세상 무덤 같은 시간 속을
촛불 한 움큼의 진실은 꺼져버리고
숯 되어 남은 심장 포르말린 용액에 담가두어라
그대에게 가는 길 너무 멀고 아득해
길 없는 길 위에서 나는 지쳐버렸네
이어 날도 저물고 진눈깨비 흩날리니
하늘과 땅 사이
둘만의 통로를 뚫으려 그토록 애썼건만
이제는 소리쳐 불러도 희미한 메아리뿐
소망에 지친 눈은 차라리 돌아서는 길을 가늠해보네

애련,
이토록 가슴 아픈 게 네 이름이라면
다시는 부르지 않으마
한 맺힌 동백 꽃숭어리 땅에 부서져 여위어가고

시들고 마르는 것, 아프고 연약한 것 모두가
이 생生을 견디며 지나가네
아리땁던 목숨 하나 무기수로 잠재우고
한 번뿐인 그대 웃음도 드라이 플라워로 말려두고서
쓰라린 만남보다 화석이 된 추억에 기대어 살리
검푸른 강물에 기도의 띠 이으며……

바다의 말
— 김기덕의 영화 〈섬〉에서

제발 부탁이니
아무 거나 내게 던지지 마
낚시하다 버린 라면 국물까진 참을 수 있어
깨진 병조각에 초고추장도……
뗏목 위 방갈로에서 뚜껑 열고 내갈기는
똥, 오줌
구역질나지만 아이디어가 신선해서 봐주기로 하지
근데 말야
잡것들이 수시로 뱉어내는
애액愛液까지 내가 마셔야겠니?
더 기막힌 건
동물 중에 젤로 추잡한
너희 피냄새까지 맡아야 한다는 거!
여기가 화장터도 아닌데
시체가 산山을 이루면
난 어디 가서 쉬라는 건지
벙어리인 날 푹 믿고

살인 무기까지 쏟아붓는 모양인데
천만에, 난 부처님이 아니야
끝까지 묻히는 비밀이 없는 건
내게도 칼 같은 진리니까
잡스런 물건, 치사한 욕망, 그 찌꺼기……
지긋지긋해. 그러니
해외 영화제에서 상이라도 타면
내 몸을 정화시켜줘
분별 있는 인간이라면
그게 최소한의 예의 아니겠어?

사로잡힌 영혼

반 고흐의 그림을 볼 때마다
부러워했다
잠과 그림밖에 모른
단순한 열정을

그 힘이 캔버스에 쏟아져
폭발하는 붓끝으로 살아나고
천 년의 무지개 건너
후손의 마음까지 흔들어놓는……

어쩌면 내게도
그런 때가 올지 모른다
잠과, 쓰는 일밖에 모르는
단순한 삶!
혼의 감옥에 갇혀 재가 되는 밤까지
토하고, 토해내야 할
피의 성찬에

초대받는 때가

고독을 팝니다

흙에도 묻을 길 없는
깊은 외로움
이쁜 유리병에 넣어 판다면
사가는 이는 정녕
타인의 속내 맡으며
잠시, 위로받을 수 있을까

고독이 담긴 유리병에선
어떤 내음 풍길까
회한과 시름, 독한 향수鄕愁 대신
오래 길들인 슬픔
조약돌로 구르는 근심
허방 삶에 지친 날갯짓……
서러운 몸 내음이
사골처럼 우러날 거야
아마도

비련悲戀

창살 그늘에서 너는 자라네
어두움 잘라 마신 검은 눈물로 잎맥 피우고
희망 잃은 가지에 꽃술 달아 외로운 잎새 나부끼며
파아라니 덩굴손 뻗어 혼자서도 잘 자라는구나
송곳 같은 아픔이 단풍 물들이면
늙은 바람에 휘감기듯 쓰러져 비명에 잠기어 가고
그리고도 남은 미련의 씨앗이 더 작은 잎눈 틔우면

감옥에 남아
햇살 모르는 내 사랑아
말없이, 아무 말 없이
너는 자라는구나

고苦 · 집集 · 멸滅 · 도道

가을 숲으로 간다
번뇌의 이파리
떨어뜨리려

아픈 마음
즈려 밟는
가랑잎 소리

오솔길 끝날 즈음
사잇길 드러나듯

우리의 동행도
막바지에 이르렀다네

순수의 한 시절을
땅 속에 묻고
재생을 기다리는 마음

내게도 휴식이 필요하리라
깊고, 무거운 잠이

모닥불 타오르며
축제가 시작되던
시월의 마지막 밤과 함께

땅에 떨어진 숱한 의미들
의미들은 한 줌 흙으로 돌아가고

핏빛 번뇌는
레테의 강을
건너간다

아집 我執

그곳은 나의 집,
마음이 자랄수록 집은 커지고 안에다 더 많은 걸 들여놓게 된다
이조의 정원, 백화요초, 값비싼 향나무나 상수리나무까지……
때로는 바오밥나무를 심어 집을 송두리째 삼켜버리고픈
충동이 일 때도 있다

어린 시절, 내 방 하나를 갖고 싶어 바닷가 모래 위에
집을 지으며 종일 놀던 때가 있었다. 파도가 모래성을 부숴버려도
포기하지 않고 쌓고 또 쌓던 그런 때가……

이제 나는 집을 짓지 않는다
진흙으로도 대리석으로도 이쁜 기왓장으로도……
차라리 내 안의 집을 허물고자 한다
집을 허물고, 들판에 서서, 빈 바람 맞으며
사방에서 들려오는 소리에 귀기울이려 한다

하심下心

헛된 원망願望으로
들끓던 피
갈앉은 후
가슴에 맺힌 옹이
하나 두울
내려놓으면
마음 한없이 가벼워지고
텅 비어
고요만이 남을 때
그 적막이 좋아

......

젊음의 한낮
철없이 보내고
잔주름 깊어가며
알게 되는 비의秘意

슬픔이 집을 떠날 때

누구도 본 적 없는 그는
어둠 속에서 눈떠
흡혈귀처럼 생기를 빨아먹다가
햇살 촉에 꽂히면
검은 망토 휘날리며 어디론가 숨는다

그는 추락의 날개로 한없이 가라앉다가
바닥에 닿으면 재생의 융단 되어
다친 가슴 보듬고, 솟구치는 힘도 불어넣는다

그의 집에서 한 발짝만 떠나면
지붕은 모래알로 부서져 내리고
지나고 나면 그것이
오래 우리를 붙잡고 있던 허깨비였다고

아무도 볼 수 없으니
그는 이 세상에 존재하지 않는다고

말, 할, 수, 도 있으리라

그러나
눈물이 그와 함께 오고 떠날 때도 따라간다
때로는 이슬처럼 사라지지만
무거운 추錘가 되어 마음의 왕으로 군림도 한다

모두가 바라는 건
그가 은빛 나래 펴고 훨훨 떠나는 것이다
다시는 돌아올 수 없는 빙하의 고향으로

아름다운 전쟁

강릉에서 서울로 운반하는
횟감용 수족관 안에
천적天敵 한 마리 넣어두면
아침까지 물고기들이
싱싱한 것은
밤내 도망 다니느라
생기를 잃지 않은 탓

언제나 나를 긴장시키는
경쟁자도
때로는 은인
그가 없으면
전투욕을 상실하니까

발버둥쳐도 도리질해도
갈라서지 못하는
원수는

차라리 신의 선물

젖은 낙엽처럼 들러붙는
인연의 고리 끊으려
악착같이 생生에
매달리기 때문

티눈

티눈을 뽑는다 손톱깎이로
어쩌다 뽑아도 금세 자란다
검질긴 생명력이 놀랍다
뿌리까지 뽑으려다 그만둔다
아프기도 하려니와 심심할까봐

이 무료한 세상에 사심 없이 몰두할 짓거리가 또 있겠는가

티눈이 자라면 우선 반갑다
모락모락 아이가 크는 것처럼
뽑아내면 한동안 시원하고
얼른 또 여물기를 바라게 된다
조상 대대로 내려온 칼잡이의 습성 탓일까
커다란 손톱깎이로 덤벼들 땐
무사가 된 듯 우쭐하고
싹뚝, 자르고 나면 잇속까지 서늘해진다

무 반쪽도 맘대로 난도질 못하는 삶에
반짝, 위안을 주는 소일거리

The End

시작해야 할 때와
끝내야 할 때가 언제인가를
우리는 모른다
다만

더 이상 견딜 수 없을 때
작별은 다가오고
담담한 휴식도
숨쉬며 온다

마침표.
이 작은 부호를 위해
그토록 애태웠던가
눈물 한 방울로
하많은 사연들을 담을 수 있었던가

이제 남은 여백은

하얗게 비워두자
함부로 칠하지 말고
누구에게도 뺏기지 말고

바위 같은 사랑

한 지붕 이고 사는
돌 같은 사내는
기쁨도 슬픔도 노여움도 한(恨)도
안으로 삼켜
언젠가 바위가 되려 한다

한때는 그 침묵이 못 견디게 싫었는데
이젠 오히려 편안함을 느낀다
가장 머언 곳에 서 있어도
서로의 끈을 놓지 않는
믿음도 반석이 되었고
옆에 있어도 무게를 못 느끼는
깃털 같아서
한없는 자유를 누리고 사니까

기도

연희동 성당 마리아상 앞에 놓인
작은 촛불 제단
언덕 아래 불어오는 세찬 바람에
꺼질까 들여다보면
꺼질 듯 말 듯
꿋꿋이 버티는 심지가 있어
꽃불의 춤사위는 이어지는데

야윈 손 모아 비는 간절한 모심母心
하늘은 아는지
오늘도 바람 그치지 않고
발길 또한 끊이지 않는데
누군가의 진정眞情을 담은
촛불은 애처로이 나부끼고

벽 속의 사랑
—백혜주 화백

직사각형 또는 정방형의
절대규범 안에 자신을 가두고
달아나려는 옷고름 꼭꼭 여민 채
발걸음도 죽이고 사는
이조의 여인

그러나 그녀도 숨을 쉰다
벽장 안에 왼갖 노리개 감춰두고
밤이 되면 호롱불 아래
알콩달콩 혼자만의 사랑도 키워간다
때로는 고운 채색으로 위로하고
그림자 붙들고 울기도 하며
하많은 이야기 토해내면서
밤내 날갯짓을 시도하는
모반을 즐기다

아침이면 다시 긴 치마 잘잘 끌고

뜰 안 모란을 보살피는
안방 마님

산책하는 시인

전기철(문학평론가)

1

시는 사람이다. 시는 그 사람의 성격이나 나이, 혹은 그 사람이 살아온 인생의 그림자이며, 그의 내면의 음악이다. 다시 말하면 시란 한 사람의 영혼의 자서전이다. 영혼의 자서전이므로 시란 그 사람의 색깔과 무늬를 그대로 나타나게 하는 마음의 그림이라고 해야 할 것이다. 따라서 시란 시인의 과거와 현재를 그대로 보여주는 영혼의 거울이다.

어떤 시인은 온몸으로 자아의 촛불을 태우는가 하면, 다른 시인은 촛불의 풍경을 그리기도 하며, 또 다른 시인은 명상의 촛불을 켤 것이다. 촛불을 태우는 시인이 젊은 정열의 시인이라면, 풍경을 그리는 시인은 사회의 변혁을 꿈꿀 것이다. 그들은 한 가지로 정열의 시인들이라고 해야 할 것이다. 이에 비해 명상의 촛불을 켜는 시인은 관조의 시인이다. 그는 명상의 시인이므로 지나온 삶을 돌이켜보는 사색가다. 원래 사색가는 산문을 쓰기 쉽다. 왜냐하면 사색은 그 무늬를 관조적으로 드러내려고 하기 때문이다. 산책길에서 관조적으로 가슴을 열기만 하면 되는 것이기 때문에 그의 산문은 바람소리가 묻어날 것처럼 은은하리라. 격한 감정을 억누른 채 지나온 길들에 대한 구도적 명상 속에 잠길 것이므로.

하지만 그가 시를 쓴다면 산책의 내면 풍경을 그릴 것이다. 산책의 시인, 그는 명상의 시인이며, 파도치는 감정의 요동을 지나와 이제는 고요히 내면 속을 걷는 자다. 거쳐온 아련함이나 후회, 그리고 상처나 아픔 등을 돌이켜보며 그는 인생을 관조적으로 자신 속에서 발견하리라. 격렬한 몸싸움의 시절도 지나고, 뜨거운 가슴이 있던 언덕도 지나, 이제는 바람도 잔잔한 호수가 있는 오솔길에서 후회와 아픔 등 모든 감정의 찌꺼기인 지난 발자취를 바람에 날려보낸 채 청정의 산길을 갈 것이다. 그러므로 그는 가슴 쓰렸던 일들이며, 불 같았던 감정이 일던 가슴을 쓸어내린다. 이런 시인은 감정을 극도로 절제하는 것을 그 미덕으로 삼기 때문에 편안한 시인이다. 단풍이 떨어지는 가을, 혹은 흰눈이 내리는 겨울의 산길을 걷는 시인은 자칫 얼음처럼 차가워질 위험을 안고 있거나, 아니면 산문화해버릴 위험을 안고 있다. 혹은 '무심無心'이나 '도道'와 같은 비시적 명상 자체로 흘러가버릴 위험을 안고 있다. 그만큼 산책의 시인은 얼음과 산문, 선문답 사이에서 시인으로서의 자신을 지키기 위해 단단한 모습을 보이지 않으면 안 된다. 이런 시인은 '도'나 '무심' 속으로 너무 깊이 들어가지 않으려고 안간힘을 써야 할 것이다.

2

권혜진 시인은 두 번째 시집으로 볼 때 이러한 '도'나 '무심'에 관심이 많이 있는 듯이 보인다. 이제 그는 노을을 바라보며 서 있다. 노을을 바라보며 서 있기 때문에 그는 몸부림치던 지난 한낮의 기억을 떠올리며 아직 완전히 아물지 않고 있는 상처를 어루만지며 '귀로'에 서 있다.

> 아리땁던 목숨 하나 무기수로 잠재우고
> 한 번뿐인 그대 웃음도 드라이 플라워로 말려두고서
> 쓰라린 만남보다 화석이 된 추억에 기대어 살리
> 검푸른 강물에 기도의 띠 이으며……
> - 「귀로에서」 중에서

그는 산책하는 자이기 때문에 이미 생의 귀로에 서버린 것이다. 아프고 연약한 것들 모두 화석의 추억으로 고형화시킨 채 이제는 '차, 갑, 게 식은 눈빛으로 / 술잔에 고독을 붓고 / 천천히 마시노라면 / 무심無心으로 지켜보는 빈 그림자'(「비와 술과 외로움」), 그리고 그가 지켜보는 과거는 이미 비어 있다. 왜냐하면 그는 이미 도를 향한 포즈를 취하고 있기 때문이다.

   사랑을 앓은 사람은 알지
   그것이 도道의 다른 이름이란 걸
    - 「운주사 와불」 중에서

그는 지난 뜨거운 사랑의 기억을 떠올리며 이제는 그것이 도임을 안다. 그래서 그는 열정의 사랑조차 '그윽한 미소'로 떠올릴 수 있게 된다. 이렇게 도나 무심으로 뜨거웠던 사랑의 열정이나 아픔을 떠올릴 수 있는 것은 그가 귀로에 서 있기 때문이다. 그는 마음을 비우고 싶어한다. 빈 가슴에서 흔들림 없이 청정하게 요동쳤던 세속적 사랑을 보려고 한다. 혹은 그 적막한 고요를 즐기기까지 한다.

   텅 비어
   고요만이 남을 때
   그 적막이 좋아

   ……

   젊음의 한낮

철없이 보내고

잔주름 깊어가며

알게 되는 비의秘意

- 「하심下心」 중에서

그는 '비의'를 느끼기까지 한다. 그는 산책의 고요한 명상을 종교적으로까지 끌어올리려고 한다. 그의 조용한 명상이 종교로까지 끌어올려질 때 그는 또 한 번의 몸부림을 맛봐야 하리라. 여기에서부터는 시와 종교 사이의 갈등이 다시 도사리고 있기 때문이다. 그러나 그는 그 절정의 종교적 해탈의 경지로 나아가지 않은 채 자아의 내면 속을 더듬는다. 그것이 아마도 '본성 탐구'로서의 프로이드적 내면 산책이며, 문화에의 관심이다.

죽어도

굽히기 싫은

의지

스스로 세운

몰아沒我의

성城

숨이 턱에 닿도록

달려가는

투혼

가장 소중한 것인 양

부둥켜안고 뒹구는

목숨

같은 것

　- 「자존심」 전문

　인간 내면의 본성 탐구는 주로 사물이나 문화를 통해서 이루어지는데, 시인이 종교적 비의秘意로 가버리지 않기 위한 하나의 시적 자의식이다. 시와 선시禪詩의 차이나 시와 명상과의 차이가 여기에서 생긴다. 시가 삶의 끈끈한 갈등에서 꽃피우는 결정체라면, 선시나 명상은 그 갈등을 뛰어넘는다. 권혜진 시인의 산책 시들은 이러한 갈등의 시화이기 때문에 '사과나무만 대속의 피 흘리고 있'음(「부석사 사과나무」)을 발견한다.

　그렇다면 그가 갈 곳은 어디이겠는가. 그것은 말할 것도 없이 허무, 아니면 순수이리라. 그러나 아직까지 시인은 여기에까지는 이르지 못한 채 버려야 할 것이 아직 자신에게 많이 있으리라 생각하며 선뜻 허무 속으로 나아가지 않는다. 그리하여 시인은 아직도 허무의

문턱에서 서성이고 있다.

> 마음 허전한 날은
> 요란한 치장을 한다
> 매니큐어도 바르고
> 귀걸이, 목걸이, 반지까지……
> -「오팔 반지」 중에서

'모든 헛된 기다림을 이제는 / 차창 밖으로 던져도 좋다고' (「깨달음은 막차를 타고 온다 1」) 하면서도 '어리석은 되새김질' (「깨달음은 막차를 타고 온다 2」)을 하고 있는 것이다. 그래서 시인은 문화에 관심을 갖는다. 매니큐어를 바르는 등 요란한 치장을 하고 극장으로 간다. 그러나 그는 극장의 풍경을 보지 못한 채 '찬연한 기억의 잔치'에서 '슬픔의 놀이에 바쳐지는 / 제물祭物, 나' (「슬픔의 놀이」)를 발견하고 만다. 이는 그가 '하얗게 비워두'려는 (「The End」) 그의 욕망 때문이리라. 그래서 그의 문화적인 관심은 문화 비판적 날카로움이 보이지 않은 채 시인의 내면을 들여다보는 매개체에 머물고 만다. 좀더 그가 그다운 면모를 보이기 위해서는 지적 날카로움으로 가야 했을지도 모른다. 여기에 그의 딜레마가 있는 듯이 보인다. 왜냐하면 날카로운 시적 지성이 없으면 그 얼음은 산문성으로 떨어져버릴 가능성이 높기 때문이다.

3

권혜진 시인은 귀로에 서 있다. 그의 귀로에는 절망이나 그리움, 회한의 끈적끈적함보다는 한낮의 뜨거움을 안으로 삭혀 이제는 고요하게 되돌아볼 수 있는 산책의 상상력이 있다. 그 산책의 상상력은 자아를 비의秘意와 공空, 무심無心, 도道로 나아가게 한다. 하지만 그의 상상력은 세상에 대한 기억이 너무 많이 남아 있어 그 허무에까지는 이르지 않은 채 번민하고 있다.

이제 권혜진 시인은 이 어정쩡한 자리에서 마음의 산책을 어느 정도 깊이까지 끌고 갈 것인가를 선택해야 한다. 산책에서 허무를 맛보든지, 아니면 종교적 비의를 경험하든지, 문화 자체의 풍경을 그리든지 해야 할 것이다. 하지만 그는 머뭇거리고 있다. 아마도 그의 사랑이나 아픔이 너무 무거웠던 것일까? 혹은 포즈로서의 귀로에서 산책하고 있는 것은 아닐까? 산책길에서 그는 너무 관조적이지는 않은가? 또는 지성적인 시적 상상력은 없었을까? 이런 것들이 궁금하다. 자칫하면 산문으로 떨어져버릴까 걱정이기 때문이다.